A teoria do amor na psicanálise

PSICANÁLISE PASSO-A-PASSO
Direção: Marco Antonio Coutinho Jorge

Ver lista de títulos no final do volume

Nadiá P. Ferreira

A teoria do amor na psicanálise

ZAHAR

Copyright desta edição © 2004:
Jorge Zahar Editor Ltda.
rua Marquês de S. Vicente 99 – 1º
22451-041 Rio de Janeiro, RJ
tel. (21) 2529-4750 / fax (21) 2529-4787
editora@zahar.com.br
www.zahar.com.br

Composição eletrônica: TopTextos Edições Gráficas Ltda.
Capa: Sérgio Campante

1ª reimpressão: 2012

CIP-Brasil. Catalogação-na-fonte
Sindicato Nacional dos Editores de Livros, RJ

Ferreira, Nadiá P. (Nadiá Paulo)
F442t A teoria do amor na psicanálise / Nadiá P. Ferreira. — Rio de Janeiro: Zahar, 2004.
(Passo-a-passo; 38)

Inclui bibliografia
ISBN 978-85-7110-777-9

1. Amor — Aspectos psicológicos. 2. Psicanálise. I. Título. II. Série.

CDD: 150.195
04-0713 CDU: 159.964.2

Sumário

Introdução

Muito antes de a psicanálise ter sido criada por Freud, os filósofos se perguntavam sobre a origem e a natureza do amor, os escritores contavam mirabolantes histórias de amor e morte, e os poetas enalteciam em seus versos os sonhos, as saudades e as tristezas dos amantes.

Na literatura ocidental, a partir do século XII o discurso do amor se associa à dor, ao sofrimento e à promessa de felicidade. Aqueles que eram feridos pelas setas de Eros ficavam à mercê da ventura e da desventura, da boa e da má sorte, da fortuna e do infortúnio, como diziam os antigos.

Esses reveses não levaram o homem a abrir mão da ilusão de que o amor é a via para encontrar a felicidade como sinônimo de plenitude. Apesar de nunca se ter descoberto o que seria essa felicidade, as histórias de amor ou terminavam com a morte dos amantes, ou com a famosa frase seguida de um ponto final: "Foram felizes para sempre."

É lógico que esse final feliz só se realizava depois de os amantes terem passado por espinhosas provas e intensos sofrimentos. O êxito heróico ou o fim trágico dessas narrativas não só comovia o leitor, incentivando o devaneio, mas também contribuía para a ratificação do mito do amor. A plenitude é inatingível porque o amor é proibido. Eis a estratégia do mito de amor: a conversão do impossível em interdição a fim de que seja mantida a promessa de felicidade. Aliás, esse mito permanece vivo até hoje. A melhor prova dessa sobrevivência é o alto índice de audiência das telenovelas, que reproduzem a tradição romanesca do folhetim: lágrimas, peripécias e final feliz.

Amar é um acontecimento que não se esquece. Quando se é surpreendido pelo amor, o cotidiano se transforma e tudo que cerca a vida do amante adquire novos sentidos. Então perguntamos: o amor é isso? Sim, mas não é só isso. É muito mais.

Os poetas sempre souberam que tudo que se diz sobre o amor revela apenas uma face dos seus mistérios. Diz Fernando Pessoa, no Poema II de *O guardador de rebanhos*: "Porque quem ama nunca sabe o que ama/ Nem sabe por que ama, nem o que é amar..." Entretanto, nada instiga mais a busca pela verdade do que o amor. Jacques Lacan, em seus seminários, referindo-se à relação intrínseca entre amor e verdade, afirma que ambos têm uma estrutura de ficção e, como tais, são artifícios com a função de criar uma tela protetora diante dos enigmas sem decifração.

As fantasias que cingem o amor quebram o limite entre a verdade e a mentira, conduzindo o homem a esbarrar em alguma coisa da ordem do intransponível. Quando menos esperamos, somos capturados por algo que acelera a batida de nosso coração e arrebata o mais íntimo de nosso ser. Por que amo? Sempre faltam palavras para explicar o que sentimos. Por que sou amado? Imaginamos uma série de coisas e ficamos surpreendidos pela confissão do amante, porque sempre somos amados por algo que nunca imaginamos. A impossibilidade de saber tudo instiga o desejo de saber cada vez mais sobre esse afeto que nos captura, que nos leva a cometer atos ridículos, desvairios, e que nos faz sentirmos ao mesmo tempo alegres e tristes.

Amor & castração

Ama-se para aceitar as meias-verdades ou se ama para encontrar toda a verdade. Tudo depende da posição subjetiva em relação à castração. Castração, como um conceito psicanalítico, não deve ser confundido com o sentido corrente: cortar ou destruir os órgãos genitais, capar; impedir, anular ou restringir eficiência do outro, reprimir. Todos esses significados são opostos ao conceito de castração em psicanálise. O processo de humanização do ser falante se caracteriza pela inscrição no mundo dos símbolos, o qual só existe porque há a linguagem. "Processo de humanização" se torna então sinônimo de constituição de uma estrutura psíquica, que é formada pelo simbólico (universo da palavra e da lei), pelo imaginário (campo do sentido e da imagem corporal) e pelo real (registro do impossível). Castração, então, deve ser entendida como a inserção do real como representante do impossível nessa estrutura psíquica.

Diante dos enigmas da existência no mundo — porque se ergue um muro intransponível chamado real —, o amor se articula com o desejo. Desejar implica, num primeiro momento, o reconhecimento do desejo e, num segundo momento, o relançamento do que não se realizou em novas aspirações. Mas se o amado for apreendido como se fosse a outra metade, isto é, como se fosse o objeto do desejo, espera-se do amor um verdadeiro milagre: a junção de dois seres em um. Diante dessa expectativa, só resta ao amante se consumir em queixas que desembocam em decepções sem fim...

Amar coloca em cena dois lugares: sujeito (amante) e objeto (amado). Aquele sobre o qual se abate a experiência de que alguma coisa falta, mesmo não sabendo o que é, ocupa o lugar de amante. Aquele que, mesmo não sabendo o que tem, sabe que tem alguma coisa que o torna especial, ocupa o lugar de amado. O paradoxo do amor reside no fato de que o que falta ao amante é precisamente o que o amado também não tem. O que falta? O objeto do desejo. Se ele existisse, aqueles que tivessem a sorte de achá-lo teriam encontrado o verdadeiro amor. Se fosse assim, Aristófanes, em *O Banquete* de Platão, teria decifrado o enigma da verdade do amor.

Sem dúvida, essa versão irá influenciar diretamente os mitos do amor que giram em torno do um: o amor é a procura do todo e amar é sinônimo de se unir e de se confundir com o amado. Essa esperança atravessou milênios e permanece, até hoje, na idealização do objeto de amor como alma gêmea. Dizer que não há o objeto do desejo não significa que não haja uma infinidade de objetos que causam desejo. Mas nenhum desses objetos é Aquele, que se existisse — ah!, se ele existisse... — conduziria à felicidade. Então nada, absolutamente nada faltaria. Mas como esse objeto não há, o desejo não pode ser realizado. Assim o destino do homem é ser desejante e amar na lógica do não-todo.

A psicanálise nos ensina que o amor não elimina nem a falta, porque ela faz parte da constituição do aparelho psíquico (subjetividade), nem o desconforto do homem no mundo. Freud, em seu texto *Mal-estar na civilização* (1930), indica as fontes principais desse desconforto: as exigências imperativas do social, a degradação do corpo, a morte e os conflitos inerentes aos laços sociais (amor, relações familiares, de trabalho e de amizade). Sem dúvida, o amor, a religião e os ideais de revolução social para transformar o mundo fazem parte das grandes ilusões humanas: fraternidade, eternidade, felicidade e liberdade. Conclui-se, então, que o fracasso dessas ilusões não faz com que o homem abdique de buscar toda a verdade ou de cometer atrocidades contra seu semelhante em Nome-do-Amor.

Amor & desejo

Amar coloca em cena o desejo relacionado à falta e não ao sexo. Nesse sentido, amor e desejo sexual são diferentes, o que não significa que sejam excludentes. Nada impede que um objeto seja amado e cobiçado sexualmente. Quando se ama, o que está em jogo é a suposição de um ser — riqueza interior — no outro. Quando se deseja sexualmente, o que entra em cena é o outro capturado como objeto. Não é por acaso que os poetas tanto falaram do olhar como sendo a causa de um desejo ardente, cujas metáforas se constroem em torno da figura de uma chama que arde, queima, abrasa, ulcera, atormenta, enlouquece...

O desejo, ao contrário do amor, faz parte da estrutura subjetiva. Em função da marca fundamental dessa estrutura, que é uma falta radical, o homem inventou o amor e seus mitos. É a entrada na ordem simbólica que inaugura o desejo, diferenciando a espécie humana dos outros seres vivos. A partir dessa inscrição, o destino do homem é se deparar com interrogações sobre a vida, a morte e a diferença sexual, que só encontram respostas incompletas.

No princípio de tudo era o nada, o caos, o vazio, dizem os mitos. De coisa nenhuma a alguma coisa, é preciso inventar um Criador e lhe dar um nome, por exemplo: Deus, Pai-todo-poderoso, criou o céu, a terra, os mares, a lei, o homem, os animais. Adão e Eva, nossos primeiros ancestrais, criados por Deus e colocados em um lugar paradisíaco, estavam proibidos de comer o fruto da árvore que ficava no Éden. Sem interdito não haveria a Serpente e, conseqüentemente, não surgiria a tentação que os levou ao ato de transgressão. Deus, como agente inaugural da lei, exercendo a função do pai — Nome-do-Pai, diria Lacan —, funda o desejo. É lógico que, nessa versão, o desejo se apresenta equivalente ao pecado original, associando-se ao castigo e à interiorização da lei sob a forma de culpa. Recorremos a esse mito bíblico para ilustrar, em primeiro lugar, a estreita conexão do desejo com a lei; e, em segundo lugar, para chamar atenção às lacunas que, no final de contas, são deixadas por todos os mitos.

Se o Éden fosse tão perfeito assim não haveria lugar para a tentação, ou seja, para o desejo. A falta foi introduzida pela lei, sob a forma de proibição. O que dizia a Serpente? Se Adão e Eva comessem o fruto proibido, iriam conhecer a diferença entre o bem e o mal, adquirindo dessa forma a sabedoria que lhes era negada por Deus. Mesmo sendo imortais, faltava alguma coisa relacionada ao saber. Assim, acossados pelo desejo de saber, eles comeram o fruto, mas não adquiriram o saber desejado e se tornaram sexuados e mortais. É bem verdade que a mortalidade ficou restrita ao corpo e não ao espírito, e que a imortalidade se transformou em prêmio a ser conquistado à custa da renúncia ao desejo e ao sexo (pulsões).

Ao retirar de cena a falta como marca do desejo e colocar no seu lugar a falta como pecado original, o cristianismo identifica o desejo com a perdição e o amor, com a salvação. O antídoto para esse mal incrustado na carne é o sentimento de culpa que clama pelo arrependimento e pelo sacrifício do desejo. Mas os poetas, que sempre souberam que desejar é lamentar o que falta, nunca deixaram de enaltecer o desejo em suas poesias. Diz Fernando Pessoa, em *Novas poesias inéditas*: "Não quero rosas, desde que haja rosas./ Quero-as só quando não as possa haver./ Que hei-de fazer das coisas/ Que qualquer mão pode colher?" Justamente por isto o desejo se apresenta sempre com as seguintes características: indestrutibilidade e invariância. É nesse sentido que Lacan afirma que o desejo é sempre o mesmo, que está sempre se deslocando de um objeto para outro. Em relação ao desejo nunca é isto, é sempre outra coisa, mais outra, ainda outra e assim sucessivamente... Aqui entra em cena a invenção do amor com a finalidade de suprir a falta. Justamente por isso, há amores que colocam em cena essa falta e amores que a denegam.

Amor & gozo

O lugar do gozo é o corpo. Um corpo é mapeado em zonas erógenas, onde se instalam as pulsões sexuais. Freud localiza esses pontos de excitação sexual na boca, no ânus e nos genitais. Lacan acrescenta os olhos e os ouvidos. Marco Antônio Coutinho Jorge resgata as narinas nos textos freudianos que se referem à noção de *recalque orgânico*. O gozo se liga a determinados objetos que se relacionam diretamente com essas regiões: seio, fezes, órgãos sexuais, olhar, voz, odores. Temos, então, respectivamente as seguintes pulsões: oral, anal, genital, escópica, invocante e olfativa.

Um corpo não goza por inteiro e também não goza do corpo do Outro, compreendido como Outro-sexo. Um dos sentidos do dizer de Lacan que causou tanto reboliço — "Não há a relação sexual" ou "A relação sexual é impossível" — é que, se a relação sexual fosse possível, haveria gozo pleno dos corpos. Mas o que há é gozo parcial. Entre uma parte do corpo que goza e outra que falta gozar se interpõe a palavra: fala-se do gozo e dessa fala nasce a suposição de um mais-gozar. Então fala-se de amor, sofre-se por amor, retirando-se gozo dessa fala e desse sofrimento. Nas palavras de Almeida Garrett:

> Se estou contente, querida,
> Com esta imensa ternura
> De que me enche o teu amor?
> — Não. Ai! não: falta-me a vida,
> Sucumbe-me a alma à ventura:
> O excesso do gozo é dor.

Ama-se para desejar ou para gozar com o sofrimento. Justamente por isso, os estudos psicanalíticos se referem ao masoquismo moral do amor-paixão, tão em voga nas literaturas romântica e realista do século XIX.

Prazer e gozo, ao contrário do significado dicionarizado, não são sinônimos para a psicanálise. Freud elaborou duas teorias sobre o aparelho psíquico, que ficaram conhecidas como a *primeira* e a *segunda tópicas.*

Na primeira tópica, que vigorou até 1920, o aparelho psíquico é concebido por três instâncias: inconsciente, pré-consciente e consciente. Essas instâncias são regidas pelos princípios de prazer e de realidade. Aqui, o funcionamento do princípio de prazer é descrito pelo que se convencionou chamar de ponto de vista econômico: quantidade de energia. O aumento de energia gera tensões orgânicas, provocando desprazer. A descarga, em função desse acúmulo de energia, causa alívio corporal, isto é, prazer. Nessas primeiras formulações sobre o funcionamento do princípio de prazer, Freud estabelece uma correlação entre o funcionamento das células do tecido nervoso (neurônios) e o aparelho psíquico. Esse paralelo o leva à conclusão de que o princípio de prazer é regido pelo princípio de constância: tendência do aparelho mental para escoar uma porção de excitação, a fim de reter a menor quantidade possível. Aqui entra em cena o princípio de realidade, cuja função é orientar os caminhos que levam à realização do prazer, em função das condições impostas pelo exterior. Para Lacan, o princípio de realidade deve ser compreendido como a fantasia que sustenta o desejo.

No texto *Mais além do princípio de prazer* (1920), Freud afirma, literalmente, que o comportamento dos homens e das mulheres, observado tanto em sua clínica como nas histórias da vida, exige dele a coragem para supor que existe uma compulsão à repetição, que escapa ao princípio de prazer. Essa tendência à repetição se confirma, principalmente, nos sonhos das neuroses traumáticas e nas brincadeiras infantis. O amor à verdade leva Freud à reformulação de sua teoria hedonista e à construção de outro modelo do aparelho psíquico, constituído pelas instâncias do isso, do eu, e supereu. Nesse contexto, nasce a descoberta do mais além do princípio de prazer como tendência ao retorno do inanimado e à inscrição da dimensão da morte na vida.

No *Seminário 7: A ética da psicanálise* (1959-1960), Lacan aborda essa inscrição da morte na vida de duas formas: instinto de morte e pulsão de morte. O primeiro, definido como tendência do mais além do princípio de prazer, visa o estado de repouso, de equilíbrio, correspondendo ao princípio de nirvana ou de aniquilamento. Já a pulsão de morte, como vontade de destruição, se articula com a função do significante. Isso quer dizer que só a partir da linguagem é que se pode equacionar a vontade de recomeçar tudo de novo. Mas retornar ao princípio de tudo, retrocedendo ao nada original, ao inominável, é verdadeiramente impossível. É nesse sentido que Lacan, no referido seminário, afirma que a pulsão de morte, tendo como referente o instinto de morte, aponta para o intransponível e para a sublimação. Justamente por isso, a pulsão de morte é fundamentalmente criadora. Aliás, é o que fazem os poetas o tempo todo, arrancando das palavras novos sentidos e nos deixando diante de alguma coisa da qual, por não poder ser nomeada, dizemos simplesmente extasiados: "Meus Deus! Como é belo!"

Se em Freud já temos o princípio de prazer se contrapondo ao mais além do princípio de prazer, Lacan, seguindo os passos de Freud, nomeia como gozo o mais além do princípio de prazer. A dor causa desprazer, mas isso não impede que se extraia gozo. Come-se não só para a manutenção da vida e para eliminar o desprazer provocado no organismo pela fome, mas também por gozo. Mas este, ao contrário do prazer, não tem medida. O desprazer da fome é substituído pelo desprazer do empanzinamento, satisfazendo, dessa forma, o gozo da boca. O regime do gozo é o excesso. O princípio de prazer limita o gozo. O alvo das pulsões é o gozo.

A partir da dicotomia entre prazer e gozo, podemos afirmar que o amor, na literatura ocidental, criou uma espécie de Escola d'Amor Infeliz, em que os amantes, sob o império do gozo, sofrem e morrem de amor e por amor.

Freud: os fundamentos do amor

No texto *Sobre o narcisismo: uma introdução* (1914), o amor é abordado a partir da escolha de objeto. Em *As pulsões e suas vicissitudes* (1915), ele é apresentado a partir das diferenças e articulações com as pulsões. Em *Psicologia de grupo e análise do ego* (1921), Freud utiliza os conceitos de idealização e identificação para distinguir duas formas de amar. Em *O mal-estar na civilização*, recorre à definição de Empédocles, filósofo da Antigüidade grega, no poema "Sobre a natureza": Eros é uma força que tende para a unificação.

No texto sobre as pulsões, Freud parte da premissa de que existem três polaridades que regem o aparelho psíquico: eu-objeto, prazer-desprazer e atividade-passividade. Essas três polaridades psíquicas são descritas a partir de uma noção energética (ponto de vista econômico). A libido, como energia sexual, é uma força mensurável com capacidade de produzir trabalho. É nesse sentido que se pode dizer que a libido é a substância das pulsões sexuais e está sujeita a transformações. A quantidade de energia dessa força sempre em movimento é distribuída de forma ou equivalente, ou desequilibrada.

A oposição eu-objeto se refere à constituição do eu, dos objetos e das relações que se estabelecem entre eles. A antítese prazer-desprazer apresenta estreita ligação com os princípios que regem o funcionamento do inconsciente: princípios de prazer e de realidade. Lembramos que é importante não esquecer que esse par opositivo, do ponto de vista econômico, corresponde às sensações agradáveis e desagradáveis experimentadas por todo ser humano, em virtude da redução (prazer) ou do aumento (desprazer) da quantidade de libido. A dicotomia atividade-passividade, por sua vez, se refere aos estímulos provenientes do próprio corpo e do mundo externo. O eu é considerado passivo em relação aos estímulos externos, e ativo no que diz respeito às suas pulsões.

No texto sobre o narcisismo, as noções de equivalência e desequilíbrio energéticos são utilizadas para descrever a escolha do objeto amoroso. No início, as pulsões sexuais e as pulsões do eu (pulsões de autoconservação) se misturam, tendo portanto a mesma quantidade de libido. Quando elas se separam, a bipartição da libido pode ser feita de forma desequilibrada: uma certa quantidade de libido retirada dos objetos é investida no eu, ou uma certa quantidade de libido retirada do eu é investida nos objetos.

Esse deslocamento da libido determina duas escolhas do objeto amoroso: narcisista e anaclítica (de ligação). Estas guardam vestígios de dois tempos. Um tempo primitivo, classificado de auto-erótico, em que ainda não se constituiu a separação entre as pulsões sexuais e as pulsões do eu. Outro tempo denominado de fase objetal, em que essas pulsões se separam.

Em função das condições particulares da espécie humana, todo indivíduo tem dois objetos sexuais: ele próprio e as pessoas que exercem as funções de alimentação e de proteção. Assim, a escolha narcísica tem como modelo a imagem de si mesmo: amamos o que somos, o que fomos, o que gostaríamos de ser e alguém que foi parte de nós mesmos. Já a escolha anaclítica tem como modelo as funções maternas e paternas: amamos a mulher que alimenta ou o homem que protege.

Adotar como modelo o seu próprio eu está para a escolha narcísica assim como adotar as imagens materna e paterna está para a escolha anaclítica. Se articularmos essas escolhas com a polaridade psíquica de atividade-passividade, com o masculino e o feminino, temos: escolha narcísica → passividade → feminino; escolha anaclítica → atividade → masculino.

É preciso prestar atenção ao emprego dado por Freud ao masculino e ao feminino. Trata-se, aqui, exclusivamente de uma abordagem do ponto de vista econômico: masculino significa maior quantidade de investimento libidinal no objeto e feminino quer dizer maior quantidade de investimento libidinal no eu. Os conceitos de masculino como atividade e de feminino como passividade são retirados da biologia, a ciência de ponta da época de Freud, e se baseiam na pressuposição de uma bissexualidade original tanto nos seres humanos como nos animais. Essa concepção não tem segundo o próprio Freud *nenhum significado psicológico, referindo-se unicamente a um fato biológico.*

Uma leitura dos textos freudianos — equivocada porque não leva em consideração o conjunto de sua obra, ou seja, em que contexto isto ou aquilo foi dito — conclui que Freud está ultrapassado, porque identificou o psiquismo da mulher com a passividade. Em *A psicogênese de um caso de homossexualismo numa mulher* (1920), Freud afirma categoricamente que aspectos sexuais físicos, caracteres sexuais mentais e escolha de objeto apresentam relações complexas e não-coincidentes. Vale a pena citar uma passagem desse texto:

> O mistério do homossexualismo, portanto, não é de maneira alguma tão simples quanto comumente se retrata nas exposições populares: "Uma mente feminina, fadada assim a amar um homem, mas infelizmente ligada a um corpo masculino; uma mente masculina, irresistivelmente atraída pelas mulheres, mas, ai dela, aprisionada em um corpo feminino."

Freud sempre admitiu que a psicanálise não tem resposta para tudo e que há questões que permanecem sem respostas, como é o caso da pergunta "O que quer uma mulher?". Lacan, no rastro de Freud, afirma que é impossível definir o Outro sexo. Aliás, o impossível, sob a forma de falta, não é o modo pelo qual o real comparece no simbólico?

As escolhas narcisista e anaclítica do objeto amoroso têm como matriz o narcisismo primário. No referido texto de 1914 Freud afirma claramente: aqueles que renunciaram a uma parte do seu narcisismo se lançam à procura do amor, transferindo o seu próprio narcisismo para o objeto amado. Em ambas as escolhas, o que está em jogo é o amor como sentimento da paixão, que tem como característica a supervalorização do objeto ou de si mesmo. Freud nomeia essa supervalorização de estigma narcisista. Na *escolha anaclítica*, a intensidade com que a libido se desloca do eu para o objeto produz uma relação de submissão neurótica. A origem dessa subserviência está na idealização, processo através do qual as qualidades do objeto são exacerbadas ao ponto de ele ser tomado como a fonte de todos os bens. Restam ao amante ausência de auto-estima, humildade e reverência. A perda do objeto amado só pode ser vivida pelo sujeito como a subtração de um pedaço de si mesmo. Na *escolha narcísica*, o eu ideal é amado com a mesma intensidade com que o eu do prazer foi amado no auto-erotismo. O deslocamento do narcisismo primário para esse eu ideal — separado das pulsões sexuais e sustentado pela fantasia de que se bastava a si mesmo — é uma tentativa de recuperar o eu do prazer.

Em *Psicologia de grupo e análise do ego*, Freud retoma a supervalorização do objeto amado, a partir da distinção entre idealização e identificação. A ambivalência do amor é ilustrada com os crimes passionais. A devoção do amante ao objeto amado é comparada à submissão do hipnotizado ao hipnotizador. A idealização, como superinvestimento do amado à custa do amante, é retomada por uma nova abordagem: o objeto amado é colocado no lugar do ideal do eu. Apesar da perda ou do abandono do objeto amado, o investimento nele é mantido pelo eu, o que faz com que a separação seja vivida como se fosse um golpe que dilacera as vísceras e atormenta a alma. A identificação é definida como a forma mais primitiva e original de laços afetivos com o objeto.

Na escolha amorosa, pela via identificação, o objeto, por ter sido perdido ou abandonado, tem as suas propriedades incorporadas pelo eu. Essa introjeção opera uma transformação parcial no eu, segundo o modelo do objeto perdido. Aqui Freud coloca a questão: só há identificação quando o objeto é perdido? Para responder a essa pergunta, ele desloca o objeto amado de uma relação a dois para inscrevê-lo na relação de um grupo com seu líder: um certo número de indivíduos coloca alguém no lugar de seu ideal do eu e, a partir daí, cada um passa a se identificar com os outros, compartilhando a admiração que têm pelas qualidades do líder. Trata-se de uma identificação parcial. Embora esse tipo de identificação caracterize os laços afetivos entre os membros de um grupo e sua relação com o líder, isso não significa que ele não possa ocorrer entre duas pessoas: identificações com a mãe, com o pai, com o irmão, com o professor, com o médico, com personagens de romance e de novelas etc.

De volta ao texto *As pulsões e suas vicissitudes*: nele a origem do amor nos remete ao auto-erotismo (narcisismo primário), período mais arcaico da história de todo ser humano. A constituição dos primeiros objetos de interesse é comandada pela libido, que os reparte em *agradáveis* (objetos que interessam ao eu) e *desagradáveis* (objetos indiferentes ao eu). A sensação de fome, eliminada pelo objeto que porta o alimento, inaugura a primeira experiência de satisfação sexual. A nutrição, com a finalidade de preservar a vida, e a sucção, com a finalidade de satisfação sexual, se misturam, fundindo e confundindo o que pertence à ordem da autoconservação do indivíduo com o que é da ordem do sexual. A não-separação entre as pulsões sexuais e as pulsões do eu é uma das características marcantes do auto-erotismo.

Freud divide o auto-erotismo em duas fases. Na primeira, temos a constituição de um eu primitivo — nomeado de "eu da realidade" — e sua submissão ao regime do princípio de prazer: interesse por tudo que lhe dá prazer e desinteresse por tudo que lhe dá desprazer. Essa indiferença é denominada *repúdio primordial* do eu narcísico. Não havendo distinção entre o que pertence e o que não pertence ao próprio corpo, as fontes internas e externas que causam desprazer são odiadas pelo recém-nascido.

Na segunda fase do auto-erotismo, o eu da realidade do recém-nascido se transforma em eu do prazer purificado, realizando uma divisão muito peculiar entre o que faz parte e o que não faz parte do próprio corpo. No *Seminário 11: Os quatro conceitos fundamentais da psicanálise* (1964), Lacan prefere chamar esse eu da realidade de eu-real. Aqui, ao mesmo tempo, inaugura-se o amor com sua estrutura narcísica e uma percepção da realidade, que deixa de ser estranha se a entendermos como fantasia: o que dá prazer é amado e incorporado ao próprio corpo, passando a fazer parte do eu do prazer; e o que era indiferente, porque causava desprazer, passa a constituir o campo dos objetos (mundo externo) e, como tal, é expulso do corpo, passando a ser odiado. Freud chama atenção para o fato de que nesse novo arranjo, no qual o eu da realidade se transforma em eu do prazer purificado, mais uma vez o estranho coincide com o que é odiado. Lacan, no referido seminário, ao comentar essa transformação do eu da realidade (eu-real) em eu do prazer, identifica nessa passagem o momento de inauguração da pulsão, do auto-erotismo como sinônimo de narcisismo primário, do amor narcísico e da ambivalência como marca do amor.

É importante demarcar algumas questões. Freud não abre mão da precedência do ódio sobre o amor. No referido *Seminário 11* Lacan, comentando essa antecedência do ódio sobre o amor, interpreta que ambos resultam de fontes diferentes: o ódio se forma sob o domínio do princípio de prazer e o amor se constitui no momento em que se inaugura a pulsão. Assim, na leitura de Lacan, só depois de o amor ter sido constituído, na segunda fase do auto-erotismo, é que Freud, por retroação, se refere à dicotomia interesse-indiferença como amor-ódio. A ambivalência como característica fundamental do amor se deve ao fato de que na origem do amor o ódio já estava constituído. A relação inaugural entre amor e auto-erotismo determina a estrutura narcísica do amor, cuja característica fundamental é o procedimento de devoração.

Do ponto de vista genealógico, depois do autoerotismo temos a fase objetal: formação de um novo eu (eu ideal) e separação das pulsões do eu (pulsões de autoconservação) das pulsões sexuais. Aqui o amor se separa do sexual.

A teoria sobre o estádio do espelho, elaborada por Lacan para dar conta da formação do eu e de suas instâncias ideais (eu ideal e ideal do eu), corresponde à fase objetal freudiana. Aproximadamente aos seis meses de idade, quando a criança ainda não tem controle motor sobre o próprio corpo, realiza-se a primeira apreensão unitária do seu corpo. A captura dessa imagem produz grande satisfação. Quem não presenciou a alegria de um bebê no colo sorrindo diante de seu reflexo no espelho? Essa imagem unificada do corpo inaugura o eu, introduzindo um segundo narcisismo (narcisismo secundário), cuja matriz imaginária irá presidir todos os ideais e todas as relações imaginárias de ciúme, inveja, rivalidade e agressividade. No *Seminário 1: Os escritos técnicos de Freud* (1953-1954), Lacan afirma que a exploração do homem pelo homem está presente na história das culturas, porque a agressividade faz parte da estrutura humana e se localiza no eu que se forma durante o estádio do espelho.

A partir da separação entre as pulsões do eu e as sexuais, as posições subjetivas diante do amor, do ódio e das pulsões são diferentes. Tesão e amor não são a mesma coisa nem, como os escritores românticos imaginavam, dependem um do outro. Ninguém é odiado por não dar tesão, nem se odeia alguém porque uma transa sexual foi insatisfatória. Mas pode-se vir a amar alguém por uma intensa atração sexual ou por uma transa que se considerou maravilhosa. E também pode-se passar a odiar quem já foi um grande amor — e é justamente nesse caso que Freud se refere à erotização do ódio. Assim, as relações originais entre sexo e amor deixam seus resquícios.

Separar o amor e o sexo, ou seja, separar o amor das pulsões, porque eles têm estruturas diferentes não significa que não haja pontos de conexão entre eles. Como vimos, o amor, em sua origem, liga-se ao alvo das pulsões sexuais nas fases do auto-erotismo, inaugurando o narcisismo primário. Só depois da constituição do narcisismo primário é que se estabelece a separação entre o que pertence ao campo do amor ou das pulsões. A complexidade dessa separação e das articulações do amor com as pulsões nos leva a dividir esse tema em dois enfoques: um em que se privilegia o momento de constituição de uma pulsão, histórico; e outro em relação ao processo de transformações das pulsões, já que, depois de terem sido instaladas, elas convivem entre si durante toda a vida de um ser humano.

Do ponto de vista histórico, segundo uma ordem cronológica, em Freud temos: pulsão oral, pulsão anal e pulsão genital ou fálica. A pulsão oral se constitui na segunda fase do auto-erotismo. O seu alvo é o prazer do órgão — gozo da boca, diria Lacan —, que se realiza pela incorporação dos objetos amados, porque são fontes de prazer, e pela rejeição dos objetos odiados, porque são fontes de desprazer. Concomitantemente, temos a inauguração do amor em sua estrutura narcísica e da fantasia de incorporação (antropofagia), que marca esse amor com o traço da ambivalência. Aqui, então, amar como sinônimo de devorar e odiar como sinônimo de rejeição são antitéticos. Desse amor narcísico nos fala Camões: "Transforma-se o amador na cousa amada,/ por virtude do muito imaginar;/ não tenho, logo, mais que desejar,/ pois em mi tenho a parte desejada."

A pulsão anal se constitui na primeira fase objetal, também chamada por Freud de organização sádico-anal. Aqui, as pulsões do eu já se encontram separadas das pulsões sexuais. Uma coisa é a relação da mãe com o alvo da pulsão, que visa a satisfação de um orifício, que tem como função a comunicação entre o dentro do corpo (os intestinos) e o fora do corpo (as fezes). Outra coisa é a relação da criança com o objeto de sua pulsão: expelir ou reter é o modo pelo qual a criança lida com esse objeto, tentando dominá-lo. A relação da criança com a mãe se inscreve na função de oblatividade: na posição de oblata, ela se oferece ao outro para ser amada. O excremento, como objeto, tem valor de dom. E, como tal, precisa ser reconhecido pelo outro. O reconhecimento dessa dádiva não é outra coisa senão uma prova de amor. O que eu preciso ser para ser amado? O que o outro quer de mim? Aqui, amar é sinônimo de ser amado pelo outro.

A pulsão genital ou fálica se constitui na fase edipiana, em que a função do pai é fazer valer a lei, interditando o primeiro objeto de amor: a mãe. Em *Freud, criador da psicanálise*, na seção "O destino de Édipo e o nosso", fizemos referência ao ódio e sua articulação com o desejo inconsciente de eliminar o rival, dando origem à fonte mais importante do sentimento de culpa.

Interessante observar os comentários de Freud em relação ao rompimento de uma relação amorosa. Na maioria das vezes, essa ruptura desencadeia um ódio, que faz com que tenhamos a impressão de que o amor se transformou em ódio. Mas não é bem assim. Nesse caso, diz Freud, o que acontece é uma regressão do amor à fase em que ele não se distingue do ódio. Essa regressão não só faz com que o ódio seja erotizado, mas também atualiza sua relação de ambivalência com o amor.

Se existem três polaridades psíquicas (eu-objeto, prazer-desprazer, e atividade-passividade), o amor, diz Freud, não pode ter apenas uma antítese, mas sim três: amar, odiar e ser amado.

Os critérios para amar, como vimos, são constituídos na segunda fase do auto-erotismo e são comandados pelo regime do princípio de prazer. Então, amar se torna sinônimo de satisfação auto-erótica, e odiar se liga a tudo que é associado ao desprazer.

As antíteses amar-odiar e amar-ser amado remetem para o mecanismo de uma das vicissitudes das pulsões — a reversão ao seu oposto. Esse mecanismo apresenta dois processos distintos: a mudança da atividade para a passividade e uma reversão de conteúdo. Amar-odiar apresenta um procedimento análogo a um dos processos de reversão das pulsões, que é a mudança de conteúdo: a transformação do amor em ódio. A dicotomia amar-ser amado remete para outro procedimento do processo de reversão, que é a mudança de atividade para passividade.

É preciso deixar claro que não estou afirmando que o amor é uma das vicissitudes das pulsões. A intenção desse paralelo diz respeito exclusivamente a um modo de operação. Ou seja, os mecanismos que entram em cena nas duas antíteses do amor são os mesmos que regem os pares opositivos escopofilia-exibicionismo e sadismo-masoquismo.

Algumas questões devem ser destacadas em relação à dicotomia passividade-atividade. A atividade se liga ao ver (voyeurismo), ao torturar (sadismo), ao amar e ao odiar. A passividade se relaciona com ser visto (exibicionismo), ser torturado (masoquismo), ser amado e ser odiado. Tanto as pulsões e suas vicissitudes como o amor podem inverter a finalidade ativa para passiva ou vice-versa, assim como podem se dirigir a outro ou à própria pessoa. Neste último caso, a mudança de objeto e a transformação de atividade em passividade coincidem. Tanto a pulsão escópica quanto o amor se constituem no auto-erotismo: o próprio corpo é objeto do olhar, assim como o eu do prazer é objeto do amor. Não é por acaso que o discurso sobre o amor na literatura associa freqüentemente o olhar ao desabrochar do desejo ardente e ao anseio de união de dois seres em um. Enfim, tanto o amor como as pulsões se fixam em certas representações, conduzindo o sujeito ao retorno de fantasias, ligadas às fases libidinais, às relações de objetos e às identificações, como se o tempo tivesse ficado parado.

Uma coisa é transitar nos lugares de amante e de amado, outra é ficar aprisionado em um desses lugares. A idealização do outro ou de si mesmo exige provas que ratifiquem a imagem fixada pelo olhar. Ingressamos então no regime da tirania governado pelo recalque: reino da paixão, império da dor, inferno das frustrações. Assim o amor se declina em demandas que se multiplicam e que nunca se satisfazem, transformando-se em ódio num piscar de olhos. Querer o bem do outro ou de si mesmo exige não só uma grande quantidade de investimento libidinal, mas também a submissão a uma imagem feroz. Qualquer deslize desencadeia o sentimento de culpa e a necessidade de castigo. Castigar o outro ou a si mesmo em nome do Ideal como Bem é o destino das paixões humanas.

Do amor narcísico, fundido e confundido com as pulsões sexuais, ao amor que se inscreve nas pulsões do eu e aspira ao todo, Freud elabora uma teoria em que o amor e o ódio, como duas faces de uma moeda, são moldados pela *ambivalência*. Essa descoberta, sem dúvida, deita por terra as apologias de paz feitas em nome do amor e desmistifica a mensagem judaico-cristã de fraternidade expressa na máxima do amor ao próximo. Mais uma vez vamos recorrer aos poetas que sempre souberam do parentesco do amor com o ódio. Escutemos um soneto de Camões: "Mas como causar pode seu favor/ Nos corações humanos amizade,/ Se tão contrário a si é o mesmo Amor?"

Numa entrevista dada ao jornalista George Sylvester Viereck, em 1926, Freud apresenta uma síntese da abordagem do amor em sua obra. Afirma que no começo supôs que o amor tinha toda a importância. Depois (referindo-se ao texto *Além do princípio de prazer*), viu que a morte é companheira do amor. Juntos, amor e morte regem o mundo. A morte anseia pelo nirvana, pelo seio de Abraão, pela cessação da "febre chamada viver". Assim como o amor e o ódio moram nos corações humanos, a vida conjuga o desejo de viver com o desejo de destruição. O objetivo derradeiro da vida não é o amor, mas a extinção da própria vida. Mesmo assim, o véu transparente que envolve a vida, com a função de velar a morte, não desfaz a fantasia do amor. Freud não era um pessimista. Justamente por isso ele nos diz que, mesmo tendo descoberto a intrínseca relação da vida com a morte, esse saber não o impediu de apreciar a companhia de sua mulher, os seus filhos, o pôr-do-sol, o crescimento das flores na primavera, a mão amiga que de vez em quando apertou a sua mão, um ser humano que quase o compreendeu...

De Freud a Lacan: o amor de transferência

No *Seminário 1* quase no início do oitavo capítulo, Lacan afirma que Freud, em seu texto *Observações sobre o amor transferencial* (1915), não hesita em chamar a transferência pelo nome de amor, não evita identificar a estrutura desse amor com a paixão e também não se esquiva de dizer que não há nenhuma distinção verdadeiramente essencial entre a transferência e o que chamamos de amor. Então, falar da descoberta do amor de transferência (assim chamado porque se refere ao amor do analisando pelo analista) no decorrer de um tratamento só poderia nos levar a uma história de amor. Tudo começou com Breuer e Anna O., tendo Freud como testemunha.

Josef Breuer, médico vienense que inventou o método catártico para o tratamento da histeria e que escreveu *Estudos sobre a histeria* junto com Freud, é procurado no ano de 1880 por uma jovem, à época com 21 anos, que se chamava Bertha Pappenheim e que foi celebrizada pelos estudos psicanalíticos como Anna O. (Também em seu país Bertha teve um lugar de destaque. Aos trinta anos, se tornou a primeira assistente social da Alemanha. Em função do seu trabalho, depois da Segunda Guerra Mundial foi homenageada pelo governo alemão com um selo que tinha sua foto.) Anna O., vamos chamá-la assim, foi procurar Breuer, apresentando vários sintomas histéricos, ligados à doença e à morte de seu pai. Como não podia deixar de acontecer em uma história de amor, aparece um terceiro: Matthilde, esposa de Breuer, começou a ter ciúmes dessa paciente, porque seu marido não falava de outra coisa a não ser esse caso. Após dois anos, Breuer, percebendo o ciúme de sua mulher, resolveu terminar o tratamento, já que o estado de sua paciente tinha melhorado bastante. No mesmo dia em que participou a Anna O. essa decisão, ele foi chamado às pressas e encontrou-a em estado de grande excitação, apresentando sintomas de um parto histérico (pseudociese). Breuer resolve hipnotizá-la para tirá-la da crise. No dia seguinte, viaja com sua mulher para Veneza. Trinta anos se passaram até Freud nomear o amor de Anna O. por Breuer de amor de transferência.

Freud descreve o fenômeno da transferência como a reedição de fantasias que se dirigem ao analista, na medida em que ele passa a ocupar o lugar de outras pessoas. É importante grifar que não se trata somente de recordar essas fantasias, mas também de revivê-las: repeti-las com a figura do analista. Vista por esse ângulo, a transferência se apresenta como empecilho à regra fundamental da psicanálise, que é a *associação livre*. Em vez de recordar, ou seja, de falar, o analisando repete o que foi recalcado (ou seja, retirado da consciência) através do comportamento. Lacan nomeia essa repetição de automatismo de repetição (*autômaton*) e a descreve como uma espécie de defeito no processo de simbolização: o que não pode ser simbolizado, isto é, o que não pode ser falado e, justamente por isto, não pode ser reconhecido pelo sujeito retorna no real sob a forma de conduta. Assim, o que foi esquecido no passado e se relaciona diretamente com o recalque está fadado a reaparecer nas formações do inconsciente (sonho e ato falho) e nos sintomas.

Repetir, no amor de transferência, se articula diretamente com a resistência. Deve-se entender resistência como o fechamento da pulsação do inconsciente. O que significa isso? Freud, em *Sobre o mecanismo psíquico dos fenômenos histéricos* (1893), publicado em parceria com Breuer, se refere à constituição de um "núcleo patógeno". No momento em que o eu repudia alguma idéia que considera incompatível, esta não é eliminada, mas recalcada. Esse primeiro recalque produz um processo de cristalização, que não só impede a lembrança do recalcado, mas também produz um sintoma de conversão histérica, que se repete toda vez que surge a possibilidade de essa lembrança vir a se manifestar.

Cabe então a pergunta: o que resiste? O que resiste é justamente o que não pode ser significado e que está prestes a ser revelado. Em uma análise, quando alguma associação ligada ao recalque se desloca para a pessoa do analista, exatamente aí surge a resistência.

A ambigüidade da transferência reside justamente nesse ponto: ao mesmo tempo em que desencadeia a resistência, tornando-se um obstáculo ao tratamento analítico, é a condição para a realização desse tratamento. A transferência, compreendida como deslocamento das fantasias ligadas a impulsos sexuais recalcados, produz como efeito desse deslocamento o amor.

No amor de transferência trava-se um combate, a partir de duas estratégias, que colocam em cena o amor e o desejo: recordar para não repetir é o desejo do analista; não recordar para amar e ser amado é a aspiração do analisando. E aqui entra em cena a ética da psicanálise, que só pode ser sustentada pelo *desejo do analista*: desejo de que haja desejo. Por isso, no décimo capítulo, do *Seminário 11*, Lacan afirma que a presença do analista é uma manifestação do inconsciente.

A realidade do inconsciente é sexual, e a inserção do sexual no inconsciente é feita pela linguagem. É só a partir da linguagem que podemos pensar e falar o sexual. Falar dele implica situar a diferença sexual: o que significa ser homem ou mulher? Definir a diferença sexual é tão impossível quanto definir o amor.

O real comparece no inconsciente por uma fenda que percorre a sexualidade de ponta a ponta. A existência desse furo se deve à falta de um saber genético sobre a diferença sexual: o instinto. Em algum momento da história de cada recém-nascido será gravado o significante que inscreve a diferença entre os sexos no inconsciente: o falo. No entanto, isso inaugura simultaneamente a falta de outro significante para a constituição de um par antitético. Então temos: o falo e a falta do significante do Outro sexo. O primeiro efeito das relações que se estabelecem entre o bebê e quem exerce a função materna é a simbolização do falo como alguma coisa com valor de dom. Muito tempo depois, quando entra em cena o complexo de Édipo, as crianças se confrontam com o valor simbólico do falo. Aqui as insígnias viris adquirem valor de dom, produzindo uma divisão: ter ou não ter o dom. Isto é traumático. Por quê? Porque a falta do significante do Outro sexo inviabiliza a produção de um saber sobre o Outro sexo, recolocando em cena um furo original. Então, inventa-se o amor para suprir essa falta.

A introdução do conceito de "sujeito-suposto-saber" na transferência aparece no *Seminário 11*. Lacan afirma que toda vez que alguém supõe um saber em outra pessoa, seja analista ou não, há amor de transferência. Muito mais tarde, no *Seminário 20: Mais, ainda* (1972-1973), ele retoma a relação entre amor e saber: amamos aquele que supomos ter o saber e odiamos aquele que acreditamos não o ter. Eis o discurso produzindo significações para o significante falo. Qual o saber que, como dom, está em jogo no amor de transferência? Não se trata de reconhecimento de um campo teórico ou científico. Trata-se da crença, por parte do analisando, de que o analista detém o saber sobre seu desejo e a singularidade do seu gozo. Mas isto o analista também desconhece. Não há um saber guardado a sete chaves no inconsciente. Para Lacan o inconsciente se caracteriza pela produção de um saber que não se sabe. Quem trabalha em uma análise é o analisando. Embora ele ignore, o saber inconsciente não está constituído: será produzido como resultado do trabalho analítico. Cabe ao analista, com sua escuta, criar as condições para que o analisando reconheça o que é produzido pelo seu inconsciente. Lacan inclusive lança mão da metáfora "trabalhador incansável" para se referir à produção desse saber inconsciente.

A modalidade de amor, que entra em jogo no amor de transferência, tem a mesma estrutura da paixão, embora acrescente a essa estrutura um dado a mais: a suposição de um saber sobre si mesmo no outro. Trata-se de um amor que demanda ser amado e que se sustenta na doce e amarga ilusão de que o objeto amado tem o saber que falta ao amante. É preciso mais uma vez enfatizar a *ambivalência* como marca registrada do amor: no regime do excesso, amor e ódio oscilam em um movimento análogo ao do pêndulo.

O apaixonado, quando ama, quer o objeto só para si mesmo; quando odeia, almeja a destruição do objeto. Não é a paixão que faz tantos estragos nos laços familiares, de trabalho e de amizade? Primeiro vem a demanda de ser o mais amado. Depois as queixas, alimentadas pela frustração de não ter sido amado segundo suas expectativas. A paixão habita o reino do imaginário, onde as súplicas se expandem sem limites. Será que é preciso contar o revés? Mesmo se sentindo amado, o amante-apaixonado se vê e se sente sempre colocado em segundo plano. Aliás, "segundo", entre outras coisas, é sinônimo em nossa língua de secundário e rival. De amado a odiado. De generoso a pusilânime. De democrático a ditador. De pai herói a pai denegrido. Enfim, de objeto signo do Bem a objeto signo do Mal, vão se tecendo os laços das revoluções e das guerras político-religiosas, que mancham de violência assassina as páginas em que se escrevem os mitos de amor, liberdade e felicidade.

Lacan: as várias faces do amor

A entrada de Jacques Lacan para a história da psicanálise é marcada pelo projeto de retorno aos textos de Freud, em função da situação da psicanálise — que, depois da morte do seu criador, se encontrava na "confusão mais radical". É nesse contexto que Lacan retoma a teoria freudiana do amor, identificando nela uma diversidade de amores. As fontes do amor como dom-de-si se encontram na abordagem de Freud sobre o auto-erotismo como sinônimo de narcisismo primário. O amor-paixão tem como referência básica os textos freudianos sobre o amor de transferência e sobre as escolhas narcísica e anaclítica do objeto amado. O amor cortês já tinha sido identificado por Freud na adoração de uma jovem de 18 anos por uma mulher dez anos mais velha, em *A psicogênese de um caso de homossexualismo numa mulher.* As interpretações do amor ao próximo, do amor divino (amor ao Pai) e da paixão de Cristo estão nos textos de Freud sobre a religião. Ele acrescenta um terceiro elemento à antítese amor-ódio, que é a ignorância, e insiste na necessidade de se distinguir o amor como paixão imaginária do amor que se constitui no simbólico como dom ativo.

Em síntese, enquanto Freud se dedicou mais ao amor com a função de idealização, Lacan irá se interessar pelo amor com a função de sublimação, introduzindo na tradicional antítese sujeito-objeto (amante-amado) um terceiro elemento, que é o que está para além do objeto do amor: o nada. Nessa função se inscrevem as modalidades do amor como recusa do dom, destacando-se principalmente o amor como metáfora, o amor cortês e o amor trágico.

No último capítulo do *Seminário 1*, intitulado "A palavra na transferência", o amor como paixão imaginária é definido como um amor que deseja ser amado. O que é visado nesse amor é o aprisionamento do outro. Isto implica que o outro só pode ser tomado como objeto do bem, ou seja, o que o apaixonado considera seu bem está no outro. Logo, a única particularidade do outro, colocado no lugar de objeto amado, é satisfazer o pedido do sujeito para ser amado. Mas o apaixonado quer ser amado por tudo. Suas súplicas não têm limite. Suas dores também não. No século em que a paixão é um dos temas preferidos pelos poetas românticos, amar abre as portas do inferno e se transforma em sofrer.

O amor como dom ativo não visa ao outro como objeto, mas como ser. É nesse sentido que o amor, ao contrário da paixão, só pode ser concebido numa relação simbólica, ou seja, numa relação mediada pela palavra. Lacan afirma que amar é amar um ser para além do que ele parece ser. Assim o amor, ao contrário da paixão, aceita os erros, os defeitos e as fraquezas do amado. Mas não podemos esquecer que o engano do amor reside no fato de que esse ser para o qual o amor se dirige é uma fantasia e, como tal, uma ficção. O que caracteriza a natureza da subjetividade não é o ser, mas uma *falta-a-ser*. Justamente por isto, quando o logro é desfeito, ou seja, quando o amado vai muito longe na traição e persevera na tapeação, o amor acaba.

O ódio tem a mesma dimensão imaginária da paixão. Isto significa que o outro, como se fosse um objeto, é embrulhado em um invólucro, para ser considerado não o bem do sujeito, mas o seu mal. Agora, em vez de se querer o outro só para si, aspira-se à sua destruição completa. O ódio, tal qual a paixão, exige coisas impossíveis e sem limite. Justamente por isso, ele não se satisfaz com a eliminação do outro. Então, se não é possível o desaparecimento do outro na ordem simbólica, ou seja, apagar seu nome, eliminando qualquer referência a sua existência, é preciso a difamação. A ignorância como paixão não deve ser confundida com a sábia ignorância de Freud, que, por amar a verdade, não só admitia seus erros, mas os tornava públicos em seus textos. E mais: quanto mais avançava em sua teoria, mas descobria que não se pode saber tudo, mais insistia em dizer que há enigmas na vida, na morte e na diferença sexual que o saber não decifra.

Aliás, é nos rastros dessas advertências que Lacan elabora seu conceito de real como impossível. A ignorância como paixão é um dos elementos que constituem o amor de transferência. No início de uma análise, o analisando ama o analista, porque se coloca no lugar de ignorante de si mesmo. E, justamente por isto, apaixona-se pela figura do analista, por supô-lo detentor de um saber que ele próprio não tem.

No *Seminário 4: A relação de objeto* (1956-1957), Lacan se refere ao amor que se situa fora do âmbito da paixão e que não visa à satisfação. Ama-se o que está para além do objeto amado. E o que poderia estar para além dele senão a falta? O princípio de troca desse amor é o nada por nada. Sem dúvida, trata-se de uma troca em que o sujeito se sacrifica para além daquilo que tem. Estamos diante de uma estrutura em que o amor se articula com a função de sublimação. Um dos amores com essa estrutura é o amor como acontecimento, no qual se realiza a transformação do amado em amante. Esse amor é também comparado com a metáfora, na medida em que essa figura de linguagem se caracteriza pela produção de uma nova significação, através do processo de substituição.

Antes de vermos como Lacan ilustra essa transformação, que ele nomeia de "milagre do amor", é preciso dizer que, para ele, ao contrário do que propõe Freud, a atividade se identifica com o feminino e a passividade, com o masculino. Freud, como vimos, aborda essa dicotomia a partir de um critério puramente econômico. Lacan vai situá-la a partir de outro ponto de vista, que é a dialética do desejo. O amante só pode se colocar no lugar de quem experimenta alguma coisa como falta. Logo, amante, como sinônimo de desejante, situa o sujeito movimentando-se em direção ao ser do outro. Já o amado é aquele que se apresenta como tendo alguma coisa e, justamente por isto, não precisa fazer nada. É preciso prestar atenção que não estamos dizendo que o amado tem o que falta ao amante, mas sim que ele tem alguma coisa com valor de dom que o outro não tem.

No *Seminário 8: A transferência* (1960-1961), Lacan recorre ao *Banquete*, de Platão, para ilustrar esse amor. Segundo Fedro, os deuses, comparando os amores de Orfeu, Alceste e Aquiles, discutem entre si para saber qual deles representaria melhor o amor. De saída, Orfeu perde. Eurídice, sua amada, passeia nas margens do rio, e pisa numa serpente que a pica mortalmente. Desesperado, Orfeu consegue permissão de Plutão para descer ao Império dos Mortos e trazer Eurídice de volta. Mas havia uma condição: Eurídice, ao vê-lo, ia segui-lo, mas ele não poderia olhar para trás até chegar à região da luz. Quase no fim do caminho, ele começa a ser corroído pela dúvida: e se não fosse Eurídice quem o estivesse seguindo? Se os deuses o tivessem enganado? Então, não resiste, olha para trás — e Eurídice desaparece, deixando apenas o reflexo de sua sombra. Lacan, referindo-se a esse episódio mítico, afirma que os deuses, ao mostrarem a sombra de Eurídice a Orfeu, indicam com precisão a posição do outro no amor-paixão: um objeto vestido pelas fantasias do amante, um objeto em que o amante deseja se enviscar.

Alceste estava casada com Admeto e tinha três filhos, quando seu marido é sorteado pelas Queres, as divindades da treva, para morrer. Alceste, então, se oferece para morrer em seu lugar. Os deuses, ao tomarem conhecimento desse ato, ficam tão comovidos que consentem (o que é raríssimo) que Alceste retorne para seu marido. Lacan, no referido seminário, comenta que o oferecimento de Alceste para morrer no lugar de Admeto ilustra a metáfora como mola do amor: um ser no lugar de outro ser. Mas essa substituição não implica a transformação do amado em amante, porque é como amante que Alceste se oferece para morrer no lugar do marido.

Mas os deuses, apesar de admirarem o gesto de Alceste, escolhem Aquiles para simbolizar o amor. O guerreiro de pernas ligeiras, o herói de cabelos louros-avermelhados — como ele nos é apresentado por Homero na *Ilíada* —, quando recebe a notícia de que seu amante, Pátroclo, foi morto em combate por Heitor, se enfurece e resolve se vingar. Tétis, desesperada com a predição dos deuses, pede ao filho que renuncie à vingança da morte de Pátroclo, pois só assim ele sobreviverá à guerra, voltará para sua pátria e reinará até morrer de velhice. O surpreendente, que deixa os deuses maravilhados, é que Aquiles, mesmo sabendo da predição, escolhe a vingança. O milagre do amor acontece, produzindo uma metáfora: o amado se transforma em amante, o desejado em desejante. Aquiles, mais jovem, mais belo, mais forte, mais corajoso, o que tinha mais destreza entre os guerreiros, se desloca da posição masculina de amado para a posição feminina de amante, passando a amar Pátroclo como as mulheres amam.

Esta classificação de homens e mulheres não tem vinculação com a anatomia dos corpos e está sendo usada a partir da função que essas palavras adquirem como significantes, segundo a dialética fálica: ter ou não ter alguma coisa como símbolo do dom. Trata-se, portanto, de lugares que não são fixos e que podem ser freqüentados alternativamente, sem obrigação imperativa. Sujeito ou objeto, tudo depende da posição diante do amor. E este como metáfora produz um acontecimento, verdadeiro milagre, transformando o amado em amante. É na posição feminina de amante que Aquiles irá cometer atos de loucura e desvario. É desse lugar que ele se vinga da morte do amante, convertido em amado. Não é pouco o que ele faz. Depois de matar Heitor, o assassino de Pátroclo, todos os dias Aquiles dava voltas com o cadáver amarrado em seu carro, até que os deuses intervêm para que Heitor tivesse direito aos rituais fúnebres e fosse enterrado. As mulheres quando amam são loucas, diz Lacan, em uma entrevista para a televisão francesa. Mas acrescenta: não são loucas de todo, são também conciliadoras, a tal ponto que não têm limite quando resolvem fazer concessões ao seu homem: entregam seu corpo, sua alma, seus bens. E o que fez Aquiles senão escolher a morte, sacrificando seu ser para se vingar do ser que ele acreditava existir em Pátroclo, já morto? O que se trocou aqui senão nada por nada?

Dois capítulos do *Seminário 7* são dedicados ao amor cortês. No século XII, portanto em plena Idade Média, os poetas inventaram um amor para fazer poesia. Na época dos trovadores a França, apesar de sua unidade política, estava dividida lingüisticamente: ao norte se falava d'oil e ao sul se falava d'oc. É em língua d'oc que nasce um gênero lírico, a canção de amor, que tem como tema o amor cortês. No século seguinte, em Portugal e na Galícia — reinos em que se falava a mesma língua, o galego-português — surge um tipo de poesia, as cantigas de amor, que retoma a versão do amor cortês das poesias do sul da França. Esse breve histórico é importante para se compreender um amor que nasceu submetido às formas fixas de uma poesia associada à música, ao canto e a um conjunto de regras, que são as "leys d'amor". As características fundamentais do amor cortês são: o objeto amado é inacessível em função da não-correspondência (amor impossível); amor é sinônimo de se colocar a serviço da amada, de sofrer e morrer de amor; as regras que estabelecem as relações entre amante e amada (cortesia) exigem humildade, fidelidade e segredo (sigilo da identidade da amada). A maioria dos estudos literários priorizou o julgamento estético, a indagação sobre as causas culturais e históricas desse amor, considerando-o expressão de uma impostura subjetiva.

A originalidade de Lacan reside em ser o primeiro a se descartar das questões sobre a origem do amor cortês e dizer que é preciso apreender seu fenômeno. De saída, transforma o julgamento estético em definição. Trata-se de um amor fingido sim, mas esse fingimento não deve ser entendido como sinônimo de falta de sinceridade, hipocrisia, e sim como invenção advinda de um processo de construção, contendo tudo o que de artifício é necessário para a invenção de um objeto. Trata-se, portanto, de uma ficção que deve ser tomada ao pé da letra, ou seja, de uma ficção que se mostra como tal.

Essa discussão em torno da "falsidade" do amor cortês se deve basicamente a dois fatores: em primeiro lugar, trata-se sempre do mesmo, ou seja, do intenso sofrimento do amante em função da indiferença da amada; em segundo, a defasagem entre o lugar da mulher na poesia e na sociedade medieval. Em relação ao primeiro ponto, quase todos os estudos literários, e até mesmo Lacan, se referem a essa repetição e ao fato de que, depois da leitura de muitas poesias, fica-se com a impressão de que todas poderiam ter sido escritas para uma mesma mulher. Em relação ao segundo, na Idade Média as mulheres estavam reduzidas à função fálica e, justamente por isto, só eram acolhidas pelo social se cumprissem o papel da maternidade. Mas, se o valor social da mulher era índice da potência do homem a quem estava subjugada, desde o nascimento até a morte, em contrapartida isto se transformava radicalmente quando sob a pena do poeta ela se transfigurava na Dama, à qual o poeta-amante iria dedicar seu amor em cantos que são lamentos de dor. O primeiro trovador provençal de que se tem notícia, Guilherme, sétimo conde de Poitiers e nono duque da Aquitânia, foi um sedutor que acabou sendo excomungado duas vezes. Todavia, quando representava o papel de amante como trovador jurava fidelidade a sua Dama em nome de um amor escrito. Bernart de Ventadorn, como homem do seu tempo, foi um conquistador e esteve envolvido em grandes aventurosas amorosas. Mas como trovador se mantinha fiel a sua Dama e sofria por um amor impossível.

Lacan estabelece uma correspondência entre o amor cortês e o amor que nos é apresentado por Ovídio, em *A arte de amar*. Aparentemente essa comparação é absurda, porque estamos diante de amores completamente diversos. O amor cortês inibe o sexual, e o texto de Ovídio é inclusive considerado um tratado para libertinos, já que nele se encontra o que um homem deve fazer para levar uma mulher para a cama. A relação entre o amor cortês e o que nos é apresentado por Ovídio não se baseia no significado e sim no significante. Artifício e serviço são os significantes que permitem estabelecer a conexão entre esses dois amores. As proposições de Ovídio são: o amor deve ser regido pela arte (*Arte regendus amor*) e o amor é uma espécie de serviço militar (*Militae species amor est*). Esses dois enunciados estão literalmente presentes no amor cortês. Inventou-se um amor para se fazer poesia. O lugar do amante nessa poesia é o de se colocar a serviço da Dama, não para conquistá-la, mas para travar uma batalha, cujas regras estabelecidas colocam o amante na posição de vencido. Mas, mesmo assim, é proibida a desistência. O amante só tem direito de ingressar nessa Escola de Amor Infeliz se se submeter às regras que determinam a maneira como se deve cortesmente amar.

O amor cortês também pode ser comparado à versão sobre o amor que predominava na Grécia antiga, a partir de outro significante: *agalma*. Lacan dedica um capítulo do *Seminário 8* a esse significante. *Agalma* é um termo grego que vem de *agallo* e significa enfeitar, ornamentar. A noção de ornamento remete para um interior do qual se desprende alguma coisa que atrai. O acento dessa apreensão está na imagem. O importante a ser destacado é que *agalma* sempre se refere a um objeto que se apresenta como se fosse uma jóia rara, com um brilho muito especial. Enfim *agalma* tem sempre relação com uma imagem que causa desejo. Assim, o amor cortês, tal qual o amor grego, se sustenta na beleza do *agalma* e, ao contrário dele, exige que o amante renuncie ao objeto amado.

Em relação ao amor cortês se constrói uma organização do significante, em que todas as regras conduzem à inibição da sexualidade e à representação da mulher como enigma indecifrável. Essa representação do objeto feminino faz com que Lacan compare as técnicas do amor cortês com as dos pintores do final do século XVI e do início do século XVII: a anamorfose. Essa técnica consiste na revelação de uma imagem enigmática, que, à primeira vista, não é perceptível e que aponta para alguma coisa da ordem do real. Do quadro *Os embaixadores*, de Holbein, dependendo do ângulo de que se olha o quadro, surge a imagem de um crânio, em forma oval, inserindo a morte, ou seja, alguma coisa que aponta para o real. Todas essas comparações com o amor cortês visam a mostrar um ponto comum: o modo pelo qual opera o significante.

Sem privação não há amor cortês. Logo, o luto é a condição para que o homem ocupe o lugar de amante e possa dirigir seu amor à Dama. O sofrimento, como um estado de luto permanente, corresponde ao morrer-de-amor. O objeto amado só pode comparecer na estrutura da privação, porque se trata de um amor em que as relações entre sujeito e objeto se inscrevem na falta. É por lhe ter sido dado o sentido de um objeto precioso e, como tal, privilegiado que a Dama se converte em símbolo da própria ausência do objeto do desejo. Amar no amor cortês significa renunciar não ao amor, mas ao objeto amado. É nesse sentido que se pode dizer que o amor cortês ama o amor.

Da privação passa-se à frustração. É na posição de objeto que a Dama é investida de onipotência, podendo, a partir daí, submeter o amante aos seus caprichos. O amante, por se encontrar inteiramente à deriva do desejo que está no Outro, isto é, na Dama, só pode se colocar como servo fiel e humilde que suplica ser amado. A Dama, no lugar de objeto com valor de onipotência (real) e com valor de dom (simbólico), torna-se a fonte de todos os dissabores. Com valor de onipotência, ela é divinizada. Nesse lugar, só pode ser amada no regime de abstinência sexual, de devoção e de idolatria. A Dama com valor de dom, na medida em que o dom é símbolo do amor, está interditada. E justamente por isto ela representa o amor como recusa do dom. É nesse sentido que o amor cortês se inscreve no regime da frustração.

O sofrimento — a "coita" em galego-português — denominado morrer-de-amor não corresponde nem ao desejo de morte da tragédia helênica nem ao masoquismo moral romântico. O sofrimento é efeito de uma relação amorosa simbolizada que visa à não-satisfação. A Dama é colocada no lugar de objeto amado para que outra coisa, que está para além das mulheres, seja desejada. As regras corteses tornam o amor impossível para que uma prática de escrita se transforme em metáfora do amor. O impossível da relação sexual é substituído pela abstinência sexual. O real, enquanto impossível, não é recalcado: simplesmente se desloca para que amar se torne sinônimo de renúncia e a insistência em continuar amando se transforme em mestria com a função de sublimação.

No amor cortês, os três elementos que constituem o amor estão bem demarcados: sujeito (*erastes*/amante), objeto (*erômenos*/amado) e mais além do objeto, que é a falta. O amante tem abatido sobre si os mesmos efeitos que o real produz no simbólico: a falta sob a forma de impossível. É desse lugar de falta que o amante se situa como sujeito desejante, oferecendo-se ao serviço de uma mulher, tal qual o vassalo se coloca a serviço do senhor. Aquela que aceitou ser escolhida para ser colocada no lugar de sua Dama aceita o papel de amada com a condição de não corresponder a esse amor. Só assim ela pode se tornar signo da própria falta. O amor cortês é o amor que coloca em cena a desarmonia do par amante-amado, explicitando que o que falta ao amante não é o que o amado tem. Não é isto que Lacan situa quando diz que amar é dar o que não se tem? Esse paradoxo, que vige no regime do amor, é o que sustenta o amor cortês. É neste sentido que se deve ler a afirmação de Lacan, de que o amor cortês é o único que expressa o verdadeiro amor. Se o desejo do homem é o desejo do Outro, o trovador deseja o amor da Dama porque ela deseja ser amada por ele. Se o desejo se sustenta em uma falta radical, a súplica do trovador, dirigida à Dama, revela o que faz parte da estrutura de todo pedido: não é isto, é outra coisa... Esta Outra Coisa é a Dama, que está ali para ser amada e não para obliterar o que falta ao amante. Como simulacro do objeto do desejo, a Dama só pode ser demandada pelo trovador a partir da privação e da frustração. Justamente por isto, o que é colocado nesse lugar é um objeto enlouquecedor, é um parceiro desumano.

O amor cortês não faz outra coisa senão eternizar um amor cujas regras de cortesia impõem barreiras ao amor como exigência do próprio amor. Ele apresenta, assim, uma forma de amar que coloca em cena um jogo e suas regras. E não existe coisa que mais explicite uma invenção significante do que o jogo.

É no interior dessa interdição que o sexual se converte, através da sublimação, numa arte erótica, em que o impossível de um amor tem como função velar o impossível da relação sexual. Diz Lacan, no *Seminário 20*: "O amor cortês é uma maneira inteiramente refinada de suprir a ausência de relação sexual, fingindo que somos nós que lhe pomos obstáculo. É verdadeiramente a coisa mais formidável que jamais se inventou." A inacessibilidade do objeto amado é também o modo pelo qual o amor cortês indica a falta do objeto do desejo. Outra novidade de Lacan sobre o amor cortês é ter descoberto que a Dama não é a representação das mulheres (objeto causa de desejo dos homens) e sim a representante do Outro sexo. Mas se falta o significante do Outro sexo, a Dama só pode se apresentar como objeto de um amor impossível. Justamente por isso, Lacan grifa essa falta escrevendo o artigo feminino com letra maiúscula e sendo cortado por um traço oblíquo, cujo significado é apontar para um enigma sem decifração: A̸ mulher. Muitos séculos antes da descoberta da psicanálise, os trovadores já produziam um saber sobre o amor e o mistério indecifrável do Outro-sexo.

A versão trágica do amor

Uma mulher, personagem de uma história de amor contada por Sófocles em sua tragédia *Antígona*, se situa diante de um limite que se chama desejo. Tudo começou quando Édipo, ao descobrir que estava casado com sua mãe, Jocasta, fura os próprios olhos e se exila de Tebas, iniciando uma longa peregrinação, acompanhado por sua filha Antígona. Ao chegar a Colono, Édipo morre e Antígona retorna a Tebas.

Depois da morte do pai, Etéocles e Polinice, irmãos de Antígona, fazem um pacto: cada um, alternadamente, governaria Tebas por um ano. Entretanto, quando chega a vez de Polinice, Etéocles se recusa a entregar o poder e expulsa o irmão da cidade. Polinice então, em Argos, organiza uma expedição militar contra Tebas para obrigar seu irmão a lhe entregar o poder. Os dois irmãos morrem em combate.

Creonte, irmão de Jocasta, assume o poder e toma as seguintes medidas: determina um suntuoso funeral para Etéocles, proíbe o enterro de Polinice e decreta pena de morte a quem desobedecer às suas ordens. Mesmo assim, todas as noites Antígona joga um pouco de terra sobre o cadáver de Polinice, e esse ato simbólico faz com que ela receba a sentença de morte: ser enterrada viva numa gruta.

Antígona, aquela que não traiu seu destino, torna-se, assim, metáfora do impasse da tragédia do desejo. Creonte se sustenta na alegação de que Polinice, mesmo depois de morto, deve ser considerado um inimigo. E Antígona, a que diz para Creonte que não nasceu para o ódio, mas para o amor, o que defende? Independentemente do crime de Polinice, ele deve ser perdoado pelos cidadãos de Tebas, assegurando assim seu descanso no Hades, o mundo dos mortos. Os rituais fúnebres e o sepultamento devem ser realizados a fim de que esse ser não fique ligado à indignidade e à vilania. Em vez do ódio, o amor. E amar implica perdoar. Mas aqui o amor, em vez de assegurar a vida, conduz à morte. Antígona, aquela que não cede do seu desejo, tem como suplício ficar suspensa na zona fronteiriça entre-as-duas-mortes: sem estar morta, é riscada do mundo dos vivos e, estando viva, não tem futuro. Sem esperança não há desejos a serem sustentados pela fantasia.

Antígona, diz Lacan no referido *Seminário 7*, só pode vislumbrar a vida sob a forma do que está perdido. Proibir a sepultura para o corpo de Polinice não é só uma medida exemplar para os cidadãos de Tebas, é uma resolução sustentada pelo ódio, é um ato que visa a denegrir a passagem de um ser pelo mundo. Antígona, ao dar sua vida para assegurar a dignidade do irmão, assume o que Creonte e os cidadãos de Tebas não assumiram: a validade do crime, não somente o crime do irmão, mas de toda sua estirpe. Cumpre-se, assim, o desejo da mãe: Jocasta se suicidou em função dos crimes do incesto e do parricídio. O desejo da mãe, como desejo do Outro, é a matriz da estrutura do desejo. A beleza do gesto de Antígona aponta não só para essa estrutura, mas também para a marca do desejo que é a falta do objeto. Seu irmão como objeto do desejo está perdido para sempre. Mas para além dele há um ser que faz com que Antígona ofereça seu ser em nome do amor. Um ato de amor que expressa a natureza verdadeira do amor, que é o de se dirigir para algo inefável e fugidio, que é signo do próprio amor, como metáfora do desejo. O amor não é o que vem em suplência ao real?

O amor de Antígona é sustentado por um desejo cujo objeto não existe mais. No entanto, não se trata de qualquer objeto, mas sim de um objeto único e insubstituível. Antígona permanece inflexível, ultrapassando os limites do humano. Essa ultrapassagem, que tradicionalmente caracteriza a natureza do herói trágico, é identificada com a *ate*. A essa palavra de origem duvidosa é dado o significado de falta grave, do qual advêm os sentidos de cegueira da razão, loucura e desgraça. Lacan, não concordando com esses sentidos ligados à idéia de erro como falta grave e optando pelo significado de ultrapassagem dos limites humanos, pergunta: o que significa dizer que Antígona vai longe demais, ultrapassando os limites humanos? E responde: significa que seu desejo é um desejo puro, sem conteúdo, isto é, sem fantasia. Portanto, o desejo de Antígona visa a alguma coisa além desses limites. E para além deles, isto é, para além do bem e do mal, há o desejo criminoso, incestuoso, que deu origem a Antígona e seus irmãos Polinice, Etéocles e Ismene. Polinice traiu os tebanos, Etéocles os defendeu. Etéocles, que não cumpriu o acordo com seu irmão, é enterrado como herói. A Polinice é negado tudo. Ismene e os tebanos se curvam ao decreto de Creonte. Então, conclui Lacan, se não há ninguém para assumir o crime, Antígona, ao se colocar como guardiã do criminoso, assume não só o crime de seu irmão (traição), mas de toda a sua família (incesto e parricídio). A intransigência é o traço que une o desacordo entre Creonte e Antígona: perdoar ou não perdoar o crime — eis a questão!

A conjugação entre amor e desejo na tragédia se caracteriza por um amor que se sustenta em um desejo, que se dirige a um objeto perdido e que se situa para além do bem e do mal. Amar então torna-se a proeza de um ato que anuncia a morte do amante que perdeu para sempre o seu amado.

Conclusão

O milagre do amor, o amor cortês e o amor trágico se inscrevem na função de sublimação, na medida em que, por estratagemas diferentes, o amado e o desejado se apresentam como objeto inacessível, seja sob a forma de impossível ou de perdido. Enfim, no lugar do objeto é colocado um vazio, fazendo com que o amor revele o que tem por função velar: o real.

O amor-paixão coloca em cena a função de idealização. O real como registro do impossível é negado e substituído pela promessa de felicidade. Da esperança ao fracasso, o sonho se transforma em martírio a serviço do gozo. Nega-se a castração para sustentar a ilusão de que o amado tem o que falta ao amante.

Sem dúvida, o sofrimento é o traço comum a todos esses amores. A diferença entre a sublimação e a idealização remete para a posição do amante em relação ao amado. Na sublimação, a visada do amor não é a posse do objeto. Uma série de artifícios é inventada com a finalidade de colocar *previamente* o objeto amado como impossível. Na idealização, o amor aspira a posse do objeto. Essa mudança de alvo engendra estratégias que visam a identificar as causas do infortúnio. O culpado é sempre o Outro: as forças malignas do mundo, o dinheiro, a traição etc. O amor só se torna impossível por causa da onipotência das forças que se voltaram contra ele. Enfim, na sublimação ama-se o próprio amor, e na idealização, o objeto.

Seleção de textos

Amor narcísico e ambivalência do amor

Transforma-se o amador na cousa amada,
por virtude do muito imaginar;
não tenho, logo, mais que desejar,
pois em mi tenho a parte desejada.

Se nela está minha alma transformada,
que mais deseja o corpo de alcançar?
Em si somente pode descansar,
pois consigo tal alma está liada.

Mas esta linda e pura semidea
que, como um acidente em seu sojeito,
assi com a alma minha se conforma.

Está no pensamento como idea:
o vivo e puro amor de que sou feito,
como a matéria simpres, busca a forma.

Luís de Camões

Amor é fogo que arde sem se ver;
É ferida que dói e não se sente;
É um contentamento descontente;
É dor que desatina sem doer;

É um não querer mais que bem querer;
É solitário andar por entre a gente;
É nunca contentar-se de contente;
É cuidar que se ganha em se perder;

É querer estar preso por vontade;
É servir a quem vence, o vencedor;
É ter com que nos mata lealdade.

Mas como causar pode seu favor
Nos corações humanos amizade,
Se tão contrário a si é o mesmo Amor?

atribuído a Luís de Camões

Amor-paixão

Este inferno de amar

Este inferno de amar — como eu amo!
Quem mo pôs aqui n'alma... quem foi?
Esta chama que alenta e consome,
Que é a vida — e que a vida destrói! —

Como é que se veio atear,
Quando — ai quando se há-de ela apagar?

Eu não sei, não me lembra; o passado,
A outra vida que dantes vivi
Era um sonho talvez... — foi um sonho —
Em que paz tão serena a dormi!
Oh! Que doce era aquele sonhar...
Quem me veio, ai de mim! despertar?

Só me lembra que um dia formoso
Eu passei... dava o sol tanta luz!
E os meus olhos, que vagos giravam,
Em seus olhos ardentes os pus.
Que fez ela? eu que fiz? — não no sei
Mas nessa hora a viver comecei...

Almeida Garrett

Gozo e Dor

Se estou contente, querida,
Com esta imensa ternura
De que me enche o teu amor?
— Não. Ai! não; falta-me a vida,
Sucumbe-me a alma à ventura;
O excesso do gozo é dor.

Dói-me a alma, sim; e a tristeza
Vaga, inerte e sem motivo,

No coração me poisou.
Absorto em tua beleza,
Não sei se morro ou se vivo
Porque a vida me parou.

É que não há ser bastante
Para este gozar sem fim
Que me inunda o coração.
Tremo dele, e delirante
Sinto que se exaure em mim
Ou a vida — ou a razão.

Almeida Garrett

O amor segundo o mito do um em Aristófanes

Os cinco sentidos

São belas — bem o sei, essas estrelas,
Mil cores — divinais têm essas flores;
Mas eu não tenho, amor, olhos para elas:
Em toda a natureza
Não vejo outra beleza
Senão a ti — a ti!

Divina — ai! sim, será a voz que afina
Saudosa — na ramagem densa, umbrosa.
Será; mas eu do rouxinol que trina

Não oiço a melodia,
Nem sinto outra harmonia
Senão a ti — a ti!

Respira — n'aura que entre as flores gira,
Celeste — incenso de perfume agreste.
Sei... não sinto; minha alma não aspira
Não percebe, não toma
Senão o doce aroma
Que vem de ti — de ti!

Formosos — são os pomos saborosos
É um mimo — de néctar o racimo:
E eu tenho fome e sede... sequiosos,
Famintos meus desejos,
Estão... mas é de beijos,
É só de ti — de ti!

Macia — deve a relva luzidia
Do leito — ser por certo em que me deito;
Mas quem, ao pé de ti, quem poderia
Sentir outras carícias
Tocar outras delícias
Senão em ti — em ti!

A ti! ai, a ti só os meus sentidos
Todos num confundidos
Sentem, ouvem, respiram;
Em ti, por ti deliram;

Em ti a minha sorte,
A minha vida em ti;
E quando venha a morte,
Será morrer por ti.

Almeida Garrett

Amor como sinônimo de desejar

Não quero rosas, desde que haja rosas.
Quero-as só quando não as possa haver.
Que hei de fazer das coisas
Que qualquer mão pode colher?

Não quero a noite senão quando a aurora
A fez em ouro e azul se diluir.
O que a minha alma ignora
É isso que quero possuir.

Para que?... se o soubesse, não faria
Versos para dizer que inda o não sei.
Tenho a alma pobre e fria...
Ah, com que esmola a aquecerei?...

Fernando Pessoa

Amor cortês

L'aura amara

(...) Se me ampara,
essa a quem vivo a orar,
no calor
da sua hospedagem,
jus-
tifica os
meus descaminhos,
muda os
pesares
dos meus pensares.
Mas antes morte
me propor
adverso
do que perdê-la
meu sobressalto.
Que o seu valor
é mais que qualquer soma.

Face cara
que me faz pervagar
sem temor,
atrás de uma miragem,
nos
becos,
Pelos caminhos
mais desnudos,
por ares

e por mares,
em louco esporte.
Surdo ao rumor
perverso,
somente a ela
sobreamo, falto
de senso, amor
maior que a Deus tem Doma

Vai, prepara
canções para doar,
trovador,
ao rei em homenagem.
Rús-
ticos
pães, duros linhos
serão veludos,
rarís-
simos manjares.
Parte com porte.
Embora em dor
subverso
venera o anel. A
Aragon, baldo,
vai teu ardor,
pois quem comanda é Roma.

Ei-la em seu forte.
Combatedor

converso,
em sua cela
sou prisioneiro, Arnaldo.
Esse sabor
de amar ninguém me toma.

Arnaut Daniel

Referências e fontes

• As poesias citadas se encontram nas seguintes obras: de Camões, *Lírica* (Seleção, intr. e notas de Massaud Moisés. São Paulo, Cultrix, 1976) e *Os melhores poemas* (Seleção de Leodegário A. de Azevedo Filho. São Paulo, Global, 1984); o segundo soneto, também citado à p.31, tem sua autoria contestada por Leodegário de Azevedo Filho, por falta de comprovação dos manuscritos na época. De Almeida Garrett, *Folhas caídas e outros poemas* (Lisboa, Livraria Clássica Editora, 1978). De Fernando Pessoa, *Obra poética* (Rio de Janeiro, Aguilar, 1977). A canção de amor do poeta provençal Arnaut Daniel é uma tradução de Augusto de Campos que se encontra em *Verso reverso controverso* (São Paulo, Perspectiva, 1978).

• Para a concepção de amor em Freud, recorreu-se aos seguintes textos, que se encontram na *Edição stantard das obras psicológicas completas de Sigmund Freud* (aqui ESB. Rio de Janeiro, Imago, 1969): *Sobre o mecanismo psíquico dos fenômenos histéricos: comunicação preliminar* (1893. ESB vol.II); *Sobre o narcisismo: uma introdução* (1914. ESB vol.XIV); *Os instintos e suas vicissitudes* (1915. ESB vol.XIV); *Observações sobre o amor transferencial* (1915 [1914]. ESB vol.XII); *A psicogênese de um caso de homossexualismo numa mulher* (1920. ESB vol.XVIII); *Mal-estar na civilização* (1930 [1929]. ESB vol.XXI).

- A entrevista concedida por Freud ao jornalista George Sylvester Viereck, em 1926, está publicada integralmente com o título "O valor da vida: uma entrevista rara de Freud" em Paulo César Souza (org.), *Sigmund Freud & o gabinete do dr. Lacan* (São Paulo, Brasiliense, 1989).

- A dedicação de Freud ao estudo do amor na tradição religiosa judaico-cristã é tema do livro *Freud e religião*, de Sérgio Nazar David, integrante desta mesma coleção Passo-a-Passo (Rio de Janeiro, Zahar, 2003).

- Para a concepção de amor em Lacan, foram consultados os seguintes seminários: *O seminário, Livro 1: Os escritos técnicos de Freud* (Rio de Janeiro, Zahar, 1979); *O seminário, Livro 4: A relação de objeto* (Rio de Janeiro, Zahar, 1995); *O seminário, Livro 7: A ética da psicanálise* (Rio de Janeiro, Zahar, 1988); *O seminário, Livro 8: A transferência* (Rio de Janeiro, Zahar, 1992); *O seminário, Livro 20: Mais, ainda* (Rio de Janeiro, Zahar, 1982). Ainda de Lacan, o conceito de estádio do espelho encontra-se exposto em "O estádio do espelho como formador da função do eu", in *Escritos* (Rio de Janeiro, Zahar, 1998).

- As referências a Platão foram feitas a partir de *O Banquete* (São Paulo, Difusão Européia do Livro, 1970).

• A versão mítico-religiosa da criação do homem e do universo mencionada aqui está no "Gênesis", *Bíblia sagrada* (Trad. pe. Antônio Pereira de Figueiredo; notas Mons. José Alberto L. de Castro Pinto. Rio de Janeiro, Barsa, 1967).

• A ambivalência do amor na estrutura do complexo de Édipo é vista em detalhe em Marco Antonio Coutinho Jorge e Nadiá Paulo Ferreira, *Freud, criador da psicanálise* (Rio de Janeiro, Zahar, 2002).

Leituras recomendadas

Além dos livros e artigos citados em "Referências e fontes", amplamente consultados, indicam-se as seguintes leituras:

Textos que falam do amor

Barthes, Roland, *Fragmentos de um discurso amoroso* (Rio de Janeiro, Francisco Alves, 1981).

Capelão, André, *Tratado do amor cortês* (São Paulo, Martins Fontes, 2000, col. Gandhara).

Empédocles de Agrigento, "Fragmentos sobre a natureza", in *Os pré-socráticos* (São Paulo, Abril Cultural, 1973).

Ovídio, *A arte de amar* (Lisboa, Editorial Presença, 1972).

Stendhal, *Do amor* (Lisboa, Editorial Presença, s.d.).

Estudos psicanalíticos e literários que fazem referências importantes ao amor

Bataille, Georges. *Las lagrimas de Eros*. Barcelona: Tusquets Editores, 1981.

Ferreira, Nadiá Paulo, "Eu te amo. Tu me amas. Nós sofremos de e por amor", *Boletim do Centro de Estudos Portugueses da Faculdade de Letras da* UFMG (Belo Horizonte, Faculdade de Letras da UFMG, jun 1979, vol.1, n.1).

Jorge, Marco Antonio Coutinho, *Fundamentos da psicanálise: De Freud a Lacan* (Rio de Janeiro, Zahar, 2000, vol.1).

Leclaire, Serge. *Mata-se uma criança: Um estudo sobre o narcisismo primário e a pulsão de morte* (Rio de Janeiro, Zahar, 1977).

Maurano, Denise, *A face oculta do amor: A tragédia à luz da psicanálise* (Rio de Janeiro/ Juiz de Fora, Imago/UFJF, 2001).

Nazar David, Sérgio (org.), *Paixão e revolução* (Rio de Janeiro, Eduerj, 1996, col. Clepsidra 1).

____, *Ainda o amor* (Rio de Janeiro, Eduerj, 1999, col. Clepsidra 3).

____, *O diabo é o sexo* (Rio de Janeiro, Eduerj, 2003, col. Clepsidra 4).

Kristeva, Julia, *Histórias de amor* (Rio de Janeiro, Paz e Terra, 1988).

Rougemont, Denis de, *O amor e o ocidente* (Rio de Janeiro, Guanabara, 1988).

Estudos freudianos sobre o amor

Todos os artigos indicados abaixo se encontram no volume XI da *Edição Stantard das obras psicológicas completas de Sigmund Freud*: *Um tipo especial de escolha de objeto feita pelos homens: Contribuições à psicologia do amor I* (1910); *Sobre a tendência universal à depreciação na esfera do amor: Contribuições à psicologia do amor II* (1912); *O tabu da virgindade: Contribuições à psicologia do amor III* (1918 [1917]).

Sobre a autora

Nadiá Paulo Ferreira é psicanalista do Corpo Freudiano do Rio de Janeiro – Escola de Psicanálise e professora titular de literatura portuguesa da Uerj. Há muitos anos vem se dedicando ao tema do amor na literatura e na psicanálise. Além de vários textos publicados em periódicos nacionais e internacionais e em livros, é autora de *Poesia barroca: Antologia do século XVII em língua portuguesa* (Rio de Janeiro, Ágora da Ilha, 2000) e de *Amor ódio ignorância* (Rio de Janeiro, Faperj/ ContraCapa/ Corpo Freudiano do Rio Janeiro, no prelo). Com Marco Antônio Coutinho Jorge escreveu *Freud, criador da psicanálise*, publicado nesta mesma coleção Passo-a-Passo (Rio de Janeiro, Zahar, 2002).
E-mail: nadia@corpofreudiano.com.br

Psicanálise **PASSO-A-PASSO**

- **O adolescente e o outro**
  Sonia Alberti
- **Mito e psicanálise**
  Ana Vicentini de Azevedo
- **Sonhos**
  Ana Costa
- **Édipo**
- **Psicanálise com crianças**
  Teresinha Costa
- **Freud: criador da psicanálise**
- **Lacan, o grande freudiano**
  Marco Antonio Coutinho Jorge e Nadiá Paulo Ferreira
- **A sublimação**
  Orlando Cruxên
- **Freud e a religião**
  Sérgio Nazar David
- **O conceito de sujeito**
  Luciano Elia
- **A teoria do amor**
  Nadiá Paulo Ferreira
- **Histeria: o caso Dora**
  Nadiá Paulo Ferreira e Marcus Alexandre Motta
- **A interpretação**
  Laéria Fontenele
- **Freud e a cultura**
  Betty Fuks
- **Política e psicanálise**
  Ricardo Goldenberg
- **A psicose**
  Andréa M.C. Guerra
- **Angústia**
  Sonia Leite
- **Linguagem e psicanálise**
  Leila Longo
- **Para que serve a psicanálise?**
- **A transferência**
  Denise Maurano
- **Depressão e melancolia**
  Urania Tourinho Peres
- **Feminino/masculino**
  Maria Cristina Poli
- **Os outros em Lacan**
  Antonio Quinet
- **A neurose obsessiva**
  Maria Anita Carneiro Ribeiro
- **Arte e psicanálise**
- **Cinema, imagem e psicanálise?**
  Tania Rivera
- **Trauma**
  Ana Maria Rudge
- **A paixão**
  Marcus André Vieira
- **Educação e psicanálise**
  Rinaldo Voltolini